Sommaire

1 Les trois princes

Complète le texte. Choisis dans la marge, au numéro correspondant, les lettres ou le mot qui conviennent.

Le roi est dans sa cha______bre [1] ; il se repose, allongé dans son l______ [2].

«Je suis vieux et malade», pense-t-il en fixant la flamme ______ [3] de la bougie. Le roi tend la main vers la bougie. Il ______me [4] en s______tir [5] la chaleur.

______ [6], la petite flamme

[1] -m / -n

[2] -it / -i

[3] dorée / doré

[4] è- / ai-

[5] -an / -en

[6] Soudain / soudain

vacille : les trois ________ [7]

viennent d'ouvrir la porte.

Avec respect, ils se tiennent à l'entrée

de la chambre ________ [8].

«Bonjour, m________ [9] fils ! Je vous attendais.»

murmure le roi.

Hans Hagen, *Trois princes et une limace*,
coll. «Étoile», Hurtubise HMH, 1998.

[7] prince
princes

[8] royal
royale

[9] -es
-è

Entraîne-toi à bien écrire.

a

A

As-tu bien compris le texte ?

1. Combien y a-t-il de princes ?

Il y a ________ princes.

2. Où est le roi ?

Le roi est dans sa ________.

Dame Kilé, l'ourse ménagère

Complète le texte. Choisis dans la marge, au numéro correspondant, les lettres ou le mot qui conviennent.

Dame Kilé, la Grande Ménagère, était de mauvais poil.

Le r______ [1] lui dem______da [2] poliment ce qui n'allait pas. L'ourse gro______ [3] :

— Il y a, Majesté, que depuis ce matin je trouve des boul______ [4] de pâtes grise collées par terre, sous les ______ [5], sur les appuis de fen______tre [6], dans tous les coins du palais. J'ignore qui est l'auteur de cette ______ [7] farce, mais si je l'attrape, je lui fais frotter le par______ [8] de la sa______e [9] de bal avec le nez !

[1] -oua / -oi

[2] -an / -en

[3] -nia / -gna

[4] -ettes / -ètes

[5] meuble / meubles

[6] -ê / -e

[7] mauvais / mauvaise

[8] -quet / -qet

[9] -ll / -l

Le roi songea immédiatement à la

gomme baloune.

Jean-Pierre Davidts, *Le Mystère de la boule de gomme*, Boréal, 1998.

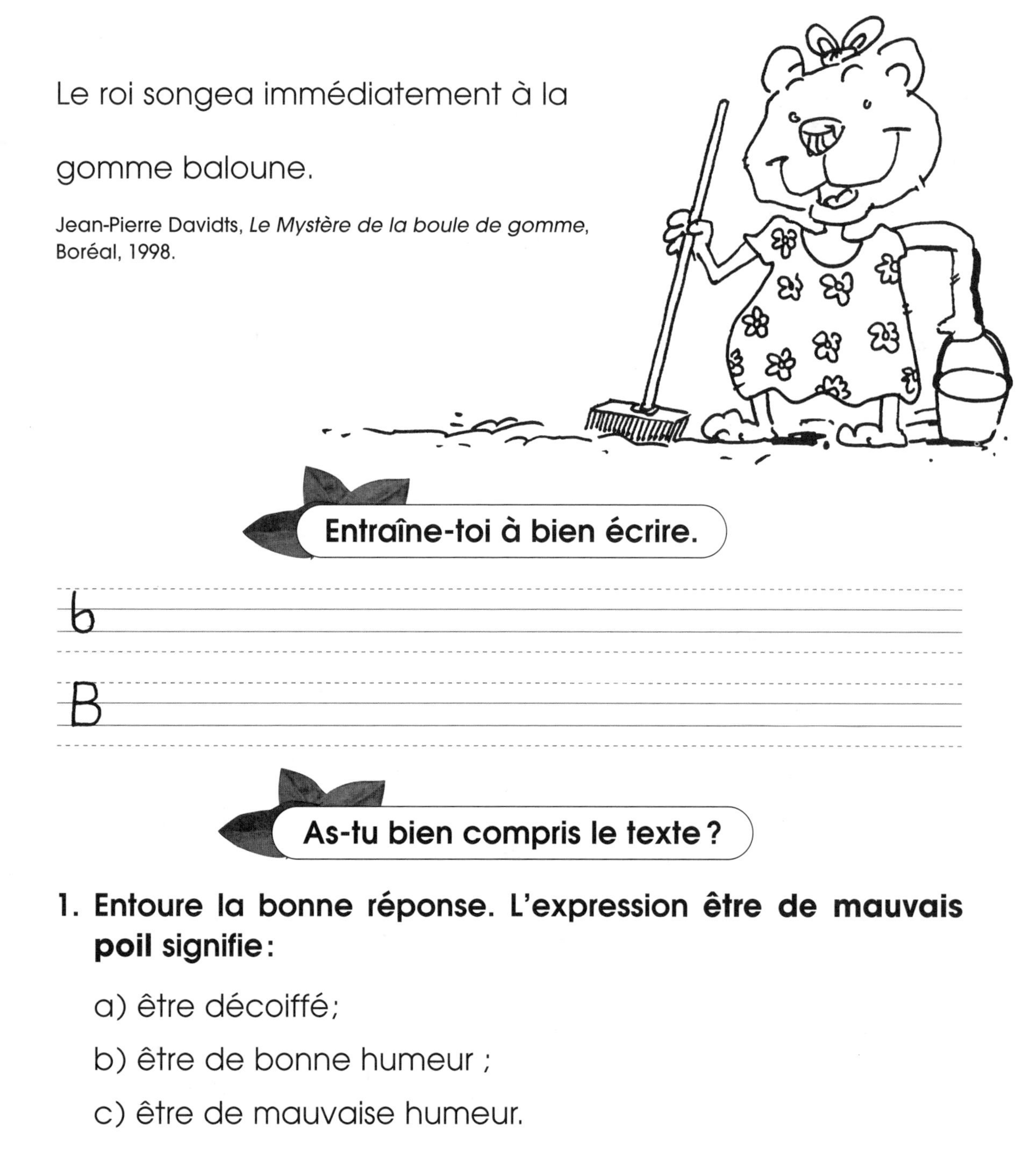

Entraîne-toi à bien écrire.

b

B

As-tu bien compris le texte ?

1. Entoure la bonne réponse. L'expression être de mauvais poil signifie :

a) être décoiffé;

b) être de bonne humeur ;

c) être de mauvaise humeur.

2. Qu'est-ce que Dame Kilé trouve dans tous les coins du palais ?

Dame Kilé trouve des ______________________ de pâte grise.

3 L'AMI DE ROSALINDE

Complète le texte. Choisis dans la marge, au numéro correspondant, les lettres ou le mot qui conviennent.

Rosalinde avait pour ami un éléphant gr_____ [1] qui aurait volontiers passé sa vie dans l'eau. Elle adorait aller à la pla_____e [2] avec lui, il adorait la porter sur son _____ [3], et dès qu'il apercevait la mer, il se mettait à courir. Mais il s'arrêtait tou_____ [4] au bord des va_____ [5]. Rosalinde sautait alors sur le sable doré, et l'élé_____ant [6] gris allait barboter.

Il s'aspergeait et il riait tandis qu'elle cherchait d_____ [7] coquillages.

1. -is / -i
2. -g / -j
3. dos / do
4. -jour / -jours
5. -gues / -ges
6. -ph / -f
7. -è / -es

________ [8] en trouvait des ronds et

des pointus, des nacrés et des biscornus.

Parfois, elle découvrait aussi des trésors :

des ________ [8], des boîtes

de conserve, mille choses encore.

Gitte Spee et Mirjam Pressler, *Rosalinde et l'albatros*,
traduit par Florence Jarno, Hachette Jeunesse, 1990.

[8] Elle
elle

[9] bouteilles
bouteille

Entraîne-toi à bien écrire.

c

C

As-tu bien compris le texte ?

1. Qui était l'ami de Rosalinde ?

Un ________

2. Que faisait l'éléphant dès qu'il apercevait la mer ?

Il se mettait à ________.

Badaboum, l'âne malheureux

Complète le texte. Choisis dans la marge, au numéro correspondant, les lettres, le mot ou le signe de ponctuation qui conviennent.

Le marché fini, le gros ____incent [1] entre à l'auberge, man____e [2] comme deux, boit comme trois, fume la pipe, étend ses ja____bes [3] devant la cheminée, regarde une bonne ____re [4] la télé☐ [5] Il est heureux, il prend son temps.

____ [6], Badaboum l'attend sous le sol____ [7] ou sous la pluie.

1. v- / V-
2. -g / -j
3. -m / -n
4. eu- / heu-
5. , / .
6. dehors / Dehors
7. -eil / -eille

Jamais une caresse. Ja______ [8] une gâterie. Il n'a ______roit [9] qu'à une poignée d'avoine, un chardon sec, un peu de foin. Juste ce qu'il faut pour ne pas mourir de ______ [10].

Ghislaine Laramée, *L'âne Badaboum se venge*, Hatier, 1994.

[8] -mè
-mais

[9] b-
d-

[10] fin
faim

Entraîne-toi à bien écrire.

d

D

As-tu bien compris le texte ?

1. Comment s'appelle l'âne malheureux ?

Il s'appelle ______.

2. Vincent est-il gros ou petit ?

Il est ______.

5 Poucet

Complète le texte. Choisis dans la marge, au numéro correspondant, les lettres, le mot ou le signe de ponctuation qui conviennent.

Poucet, Amandine et ____lzéa [1] contemplent le feu. ____ [2] flammes s'agitent et s'étirent comme des fantômes lumineux. ____ [3] foule de petits bruits s'échappent de la forêt, tout près. C'est un peu inquiétant… Poucet plonge la m____ [4] dans ____ [5] poche pour sentir la fourrure de Petit Poucet ____ [6] ses ____ [7]. D'habitude, ce geste le ra____ure [8]. Mais cette fois, c'est le contraire…

Parce que Petit Poucet n'est pas là !

— Que se passe-t-il, Poucet ?

1. E- / e-
2. Lait / Les
3. une / Une
4. -in / -ain
5. sa / ça
6. sous / sou
7. doigts / doigt
8. -ss / -s

Tu es plus pâle que la lune, remarque Elzéa.

Poucet a des noeuds ______ [9]

l'estomac.

— Mon… mon chien… a disparu,

bégaie-t-il☐ [10]

Dominique Demers, *Poucet, le coeur en miettes*, Éditions Héritage, 2000.

9 dans
dent

10 ☐, ☐.

Entraîne-toi à bien écrire.

e ______ E ______

f ______ F ______

As-tu bien compris le texte ?

1. Que contemplent Poucet, Amandine et Elzéa ?

Ils contemplent le ______.

2. Qui a disparu ?

Le ______ a disparu.

6 LE MOUTON DISPARU

Complète le texte. Choisis dans la marge, au numéro correspondant, les lettres ou le mot qui conviennent.

— Où est passé mon mouton gris ?

Au petit mat______ [1], Mère Brebis n'y tient plus. Alors, elle mène ses trois petits à la garderie Fonfontaine et elle part à la recherche de son mouton disparu.

— Soyez sages, mes agn______x [2], maman sera de retour bient____t [3].

Compter ses ______ [4], ça va la nuit, pas le jour.

______ [5] le matin,

1 -in
-ain

2 -eau
-au

3 -o
-ô

4 moutons
mouton

5 depuis
Depuis

Madame Brebis co______pte [6] plutôt

les dangers.

— ________ [7] boucher, deux couteaux,

trois ca______eroles [8], quatre pi______ges [9],

cinq ____________________ [10], six fusils,

sept barbecues…

Paule Brière, *Au loup!* coll. «Boréal Maboul», les Éditions du Boréal, 2000.

[6] -n
-m

[7] 1 (écrire en lettres)

[8] -s
-ss

[9] -e
-è

[10] chasseur
chasseurs

Entraîne-toi à bien écrire.

g

G

As-tu bien compris le texte ?

1. De quelle couleur est le mouton qui a disparu ?

Le mouton est ______________.

2. Quel est le nom de la garderie ?

____

7 Le vaisseau perdu

Complète le texte. Choisis dans la marge, au numéro correspondant, les lettres ou le mot qui conviennent.

Le vaiss______ [1] des enfants de l'espace est arrêté au large d'une petite planète verte.

Dans sa cabine, Thomas joue de la ______tare [2] en fredonnant une ch______son [3]. Il pense à ses ______ [4] ...

Quand les reverra-t-il ? Peut-être sont-ils sur cette planète ?

Tout à coup, l'alarme retentit. Le gar______on [5] saute de sa couch______ [6] et court jusqu'au poste de pilotage.

[1] -o
-eau

[2] gi-
gui-

[3] -an
-en

[4] parents
parent

[5] -c
-ç

[6] -ète
-ette

Sa s______ [7] et Achille le robot sont devant les écrans de contrôle.

— L'ordinateur a donné l'alarme, dit ___aroline [8]. Mais je ne co___prends [9] pas pourquoi…

Max Heigy, *Attaque dans l'espace*, Hatier, 2000.

[7] -oeur
-eur

[8] c-
C-

[9] -m
-n

Entraîne-toi à bien écrire.

h H

i I

As-tu bien compris le texte ?

1. De quelle couleur est la petite planète ?

Elle est ______.

2. Comment s'appelle le robot ?

Il s'appelle ______.

8 Les deux amis

Complète le texte. Choisis dans la marge, au numéro correspondant, les lettres, le mot ou le signe de ponctuation qui conviennent.

Paul ______ [1] Jack sont de très bons amis. Ils ______ [2] leur maison et travaillent ense____ble [3]. Quand on appelle ____aul [4], c'est Jack qui répond. ______and [5] on cherche Jack, on trouve Paul. Pourtant, ils ne sont ni jumeaux, ni même fr____res [6]. Ce sont juste les ______ [7] amis du monde. ______ [8], Paul et Jack s'ennuient.

«J'______ [9] envie de me dégourdir les jambes, dit Paul.

— Faisons une randonnée, propose Jack.

[1] é / et

[2] partagent / partage

[3] -n / -m

[4] P- / p-

[5] Qu- / K-

[6] -e / -è

[7] meilleurs / meilleur

[8] Aujourd'hui / aujourd'hui

[9] ai / é

— Quelle bonne idée ! Partons tout de suite.»

10 ☐ ☐

Paul et Jack préparent quelques affaires,

ferment la porte et se mettent

en route ☐ [10]

Rindert Kromhout,
L'odyssée des deux amis,
traduit par M.-E. de Grave et E. Vert,
coll. «Étoile», Hurtubise HMH, 1998.

Entraîne-toi à bien écrire.

j J

k K

As-tu bien compris le texte ?

1. Quand on appelle Paul, qui répond ?

_______________ répond.

2. Quand on cherche Jack, qui trouve-t-on ?

On trouve _______________.

QUAND J'ÉTAIS PETITE...

Complète le texte. Choisis dans la marge, au numéro correspondant, les lettres ou le mot qui conviennent.

Aujourd'hui, on fait une grande f____te [1]
avec des ba____ons [2], un gât____ [3],
des ________ [4], de la musique. Une
grande fête pour ____ili [5]. Lili, c'est un peu
ma soeur et c'est ma meilleure ________ [6].

Mais en vérité, eh bien av______ [7]...
Lili, je ne l'aimais pas. Mais alors, pas du
tout ! Et je n'ai pas toujours été très
________ [8] avec elle. Sans
m____tir [9], il y a des jours où je lui en ai
fait voir de toutes les ________ [10].

1. -è / -ê
2. -ll / -l
3. -eau / -o / -au
4. bonbons / bonbon
5. l- / L-
6. ami / amie
7. -an / -ant
8. gentille / gentil
9. -an / -en
10. couleur / couleurs

Quand j'y pense, j'ai le coeur triste.

Mais il vaudrait mieux que je commence

par le début.

Claudie Stanké, *Lili et moi*,
coll. «Plus», Hurtubise HMH, 1998.

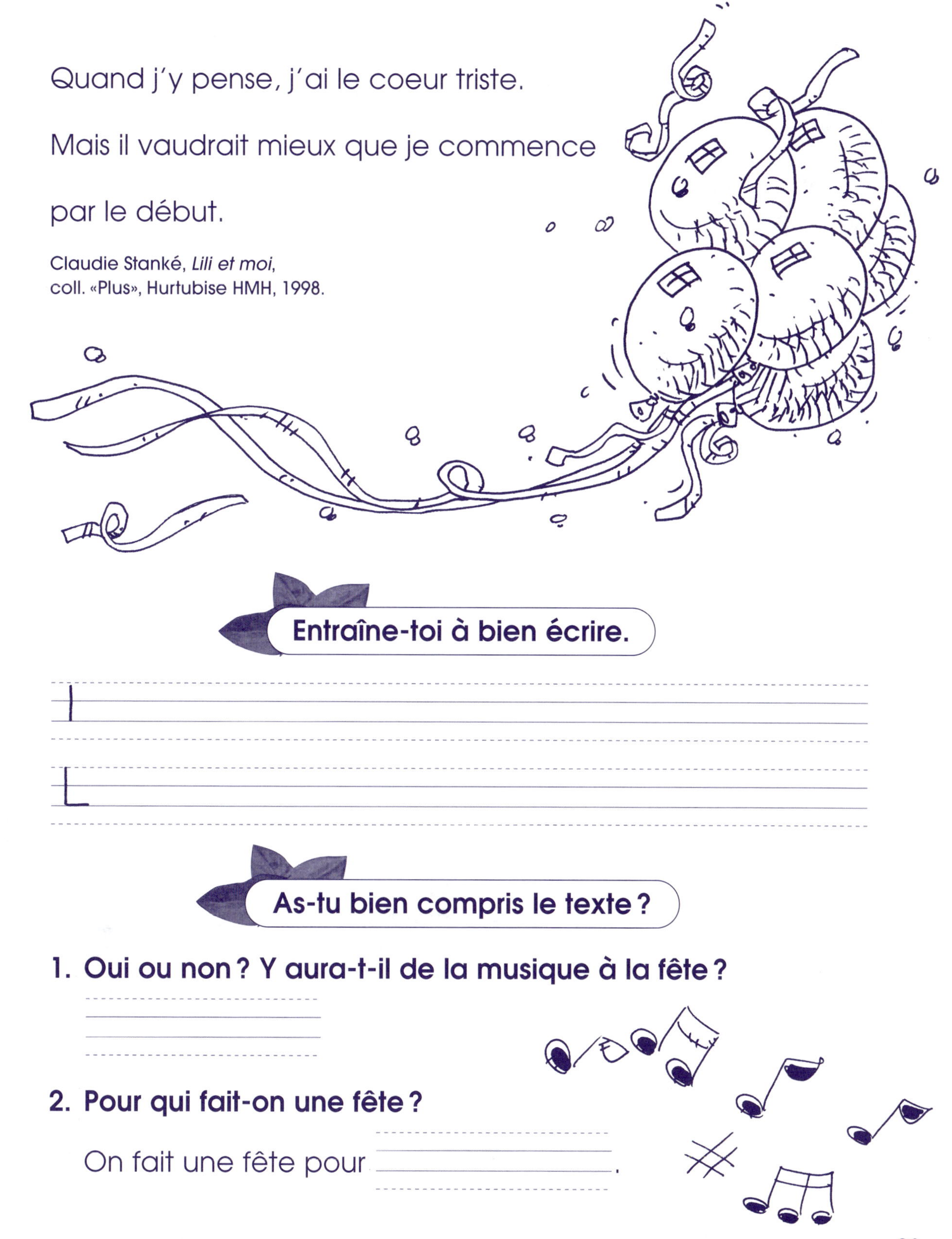

Entraîne-toi à bien écrire.

l

L

As-tu bien compris le texte ?

1. Oui ou non ? Y aura-t-il de la musique à la fête ?

2. Pour qui fait-on une fête ?

On fait une fête pour ____________.

10 Les sorcières

Complète le texte. Choisis dans la marge, au numéro correspondant, les lettres ou le mot qui conviennent.

Trois ______ [1] sorcières habitaient dans un livre, un très gr______ [2] et très gr______ [3] livre recouvert de cuir rou___e [4], coincé entre deux hautes mai___ons [5]. Les sorcières s'appelaient Carabique, Carabosse et Carapate.

Tôt le matin, elles ramassaient des orties et des vipères pour leur sou___e [6],

[1] méchantes / méchante

[2] -an / -and

[3] -os / -o

[4] -j / -g

[5] -s / -z

[6] -q / -p

p______ [7] elles montaient sur leurs grands balais pour chercher les ______ [8] qui traînaient tout seuls dans les r______ [9].

[7] -ui
-uis

[8] enfant
enfants

[9] -us
-ues

Chantal de Marolles, *Carabique, Carabosse et Carapate*,
Bayard Éditions, 1998.

Entraîne-toi à bien écrire.

m

M

As-tu bien compris le texte ?

1. Combien de sorcières habitaient dans un livre ?

______ sorcières.

2. Quand les sorcières ramassaient-elles des orties et des vipères ?

Tôt le ______.

11 Le bonhomme qui souffle le vent

Complète le texte. Choisis dans la marge, au numéro correspondant, les lettres, le mot ou le signe de ponctuation qui conviennent.

_____ [1] bonhomme qui souffle le vent est assis sur un nuage bl_____ [2], là-haut, tout là-haut dans le _____iel [3].

De là, il voit le monde entier et il cherche, sitôt réveillé, sur qui il pourrait bien souffler ☐ [4]

Quand il a passé une bonne nuit et qu'il a fait de _____ [5] rêves, il _____ [6] doux, poli ☐ [7] gentil. Il souffle un petit air léger qui care_____e [8] les cheveux des filles et les joues _____ [9] des bébés.

1. le / Le
2. -anc / -an
3. c- / s-
4. , / .
5. joli / jolis
6. est / è
7. , / .
8. -ss / -s
9. rose / roses

Parfois, il se sent tout joyeux et a envie de s'amuser. Alors, il souffle un grand coup.

Pfou ! Pfou ! Pfou ! Il retourne les parapluies.

Pfou ! Pfou ! Pfou ! Il soulève les ______upes[10] des grosses dames.

[10] g-
j-

Ghislaine Laramée, *Le bonhomme qui souffle le vent*, Hatier, 1993.

Entraîne-toi à bien écrire.

n

N

As-tu bien compris le texte ?

1. Sur quoi est assis le bonhomme qui souffle le vent ?

Il est assis sur un ______________.

2. Le vent soulève les jupes de qui ?

Les jupes des grosses ______________.

12 PLUME, L'OURSON POLAIRE

Complète le texte. Choisis dans la marge, au numéro correspondant, les lettres ou le mot qui conviennent.

En arrivant au bord de la __________ [1],
papa ours dit à son fi______ [2] : «Reste là
et regarde-moi faire.» Tout le jour, papa ours
apprend à Plume à nager, à plonger, à rester
longtemps sous l'eau et à pêcher. Le soir
venu, ils partagent un gros poi______on [3]
pour leur d______ner [4]. Bientôt la nuit va
to______ber [5]. Alors, papa ours apprend à son
fils à faire un gros tas de n______ge [6] pour
se protéger du v______t [7]. Et comme Plume
est très fatigué, il s'endort très vite, bien

[1] mère
mer

[2] -ce
-ls

[3] -ss
-s

[4] -î
-i

[5] -n
-m

[6] -ai
-ei

[7] -an
-en

à l'abri. Mais, durant la n______ [8], la

gla______e [9] se met doucement à craquer.

Un gros morceau se détache et s'en va en

flottant sur la mer, emportant Plume endormi

derri______re [10] son tas de neige.

Hans de Beer, *Le voyage de Plume*, traduit par A.-M. Chapouton, Éditions Nord-Sud, 1987.

[8] -uit
-ui

[9] -c
-ss

[10] -e
-è

Entraîne-toi à bien écrire.

o

O

As-tu bien compris le texte ?

1. Que partagent Plume et son papa pour leur dîner ?

Ils partagent un gros ______.

2. Quand la glace se met-elle à craquer ?

Elle se met à craquer durant la ______.

13 Tim veut partir en mer

Complète le texte. Choisis dans la marge, au numéro correspondant, les lettres ou le mot qui conviennent.

Tim se sent déjà un vrai mar______ [1].

Mais il est vite dé___u [2]. Quand il demande à son ______ [3] et à sa mère s'il peut être marin, ils se mettent à rire et lui disent qu'il est beau______ [4] trop jeune, qu'il doit encore attendre des ______ [5] et des années. Tim est triste. Si triste, qu'il décide de s'enfuir en mer à la premi___re [6] occasion. Quelques jours plus tard, son copain, le vi______ [7] loup de mer, lui annonce qu'il va sortir avec son

1. -in / -ain
2. -ç / -c
3. père / paire
4. -cou / -coup
5. année / années
6. -e / -è
7. -eu / -eux

bat______ [8] à moteur pour aller voir un paquebot ancré dans la baie. «Aimerais-tu m'accompagner et me donner un coup de main ?»

Tim est fou de j______ [9].

Edward Ardizzone, *Tim fait naufrage*,
Éditions Autrement, 2000.

[8] -o
-eau

[9] -oie
-oi

Entraîne-toi à bien écrire.

p P

q Q

As-tu bien compris le texte ?

1. Tim veut-il être un marin ou un lapin ?

Tim veut être un ______.

2. Qu'est-ce qui est ancré dans la baie ?

Un ______ est ancré dans la baie.

14 La fleur du diable

Complète le texte. Choisis dans la marge, au numéro correspondant, les lettres, le mot ou le signe de ponctuation qui conviennent.

En route, Crapoussin explique à Florentine que la fleur de puissance du diable est une fleur extrêmement rare☐ [1] Elle ne fleurit qu'une fois par année, à mi______ [2], une certaine nuit de la derni____re [3] sem______ne [4] de juin. Elle ne dure qu'une heure. Il f______ [5] cueillir la pl______te [6] au moment où la fleur s'ouvre. Elle confère alors à celui qui la possède des pouvoirs ______________ [7].

— Mais où trouverons-nous une telle fleur cette nuit ? s'inquiète ____lorentine [8].

— Chez l'Avocat. En route !

[1] ☐, ☐.

[2] -nui / -nuit

[3] -e / -è

[4] -ai / -è

[5] -au / -aut

[6] -en / -an

[7] magique / magiques

[8] F- / f-

La soirée est très avancée quand les enfants s'arrêtent enfin devant une grotte dissimulée derrière des buis______ **9** .

9 -son
-sons

Danielle Marcotte et Stéphane Poulin,
Poil de serpent, dent d'araignée,
Éditions Les 400 coups, 1996.

Entraîne-toi à bien écrire.

r R

s S

As-tu bien compris le texte ?

1. Vrai ou faux ? La fleur du diable est extrêmement rare.

______

2. Où la grotte est-elle dissimulée ?

La grotte est dissimulée derrière des ______.

15 BONNE NUIT !

Complète le texte. Choisis dans la marge, au numéro correspondant, les lettres, le mot ou le signe de ponctuation qui conviennent.

Et ______ean-Loup [1] , aidé par mouton 7, reprit sa place bien au ch______ [2] dans son lit . Au-dessus de sa t______te [3] , le nuage disparut. Là-haut, très très loin, juste au bord du somm______ [4] , une petite voix dit doucement:

— Bo______e [5] nuit, Jean-Loup.

1. J-
   j-
2. -aud
   -au
3. -ê
   -e
4. -eille
   -eil
5. -n
   -nn

Jean-Loup sourit, cont ______ [6] qu'on l'appelle enfin par son ______ [7].

______ [8] répondit chaleureusement :

— Bonne nuit, monsieur 7 □ [9]

Johanne Barrette, *Les moutons disent non !* coll. «Plus», Hurtubise HMH, 1998.

[6] -en / -ent

[7] non / nom

[8] Il / il

[9] . / ,

Entraîne-toi à bien écrire.

t ______ T ______

u ______ U ______

As-tu bien compris le texte ?

1. Par qui est aidé Jean-Loup ?

Par ______

2. Que dit la petite voix ?

Bonne ______, Jean-Loup.

16 Conversation

Complète le texte. Choisis dans la marge, au numéro correspondant, les lettres ou le mot qui conviennent.

Co________ent **1** ça va sur la terre ?

— Ça va, ça va, ça va bien.

Les ________ **2** chiens sont-ils prospères ?

— Mon Dieu oui mer____i **3** bien.

Et les ________ **4** ?

— Ça flotte.

Et les ________ **5** ?

— Ça mijote.

Et les ________ **6** ?

— Ça s'écoule.

Et le tem________ **7** ?

— Ça se déroule.

1 -mm / -m

2 petit / petits

3 -c / -s

4 nuage / nuages

5 volcans / volcan

6 fleuves / fleuve

7 -p / -ps

Et votre âme ?

— Elle est malade

le printem_____ [8] était trop _____ [9]

elle a mangé trop de salade.

Jean Tardieu, «Conversation» dans *Jean Tardieu un poète*, coll. «Folio Junior», Éditions Gallimard, 1981.

[8] -p
-ps

[9] ver
vert

Entraîne-toi à bien écrire.

v

V

As-tu bien compris le texte ?

1. Comment ça va sur la terre ?

Ça va _____.

2. De quelle couleur était le printemps ?

Le printemps était trop _____.

17 Un papa très sérieux

Complète le texte. Choisis dans la marge, au numéro correspondant, les lettres ou le mot qui conviennent.

Félicio espionne son père avec des jumelles.

Il prend ______ssi [1] des notes dans son

calepin :

Lorsqu'il croque ses ______________ [2] *,*

mon papa est très sérieux.

Félicio invente un costume pour faire rire son

père. Avec une dr_____le [3] de perruque et

un faux n_______ [4], il se transforme en clown

Popov. Il prend sa tro_____pette [5] et pousse

un grand TOURLOUTOUTOU ! Puis il

__________ [6] des pirouettes

1. au- / o-
2. céréale / céréales
3. -ô / -o
4. -é / -ez
5. -m / -n
6. fait / fais

et lance une pl_____ [7] de confettis.

_____ [8] ces pitreries, le clown Popov

bondit devant son père et dit :

— Bonjour, monsieur Bartolémi ! B_____ [9]

temps pour planter des radis, hum ?

D'après Mireille et Anne Villeneuve,
L'incroyable invention de Félicio, Éditions Héritage, 2000.

[7] -ui
-uie

[8] Après
après

[9] -eau
-o

Entraîne-toi à bien écrire.

w

W

As-tu bien compris le texte ?

1. Avec quoi Félicio espionne-t-il son père ?

Il espionne son père avec des _____.

2. En quoi Félicio se transforme-t-il ?

Il se transforme en _____.

18 LE MONSTRE AFFAMÉ

Complète le texte. Choisis dans la marge, au numéro correspondant, les lettres qui conviennent.

Le monstre secoue le lit.

«Montre-toi ! J'ai faim !»

Gilles tre____ble[1] de plus en pl____[2].

«De____[3] ! hurle le monstre. Va me chercher du gâteau, sinon je t'arrache la tête.

— J'y..., j'y vais, bredouille ____illes[4]. Mais ne me fais pas mal.»

Gilles s____te[5] du lit et court jusqu'à la cui____ine[6]. Gilles sort un mor____eau[7] de gâteau du r____frigérateur[8] et l'apporte au monstre. Celui-ci l'engouffre d'un seul coup.

1 -m / -n

2 -u / -us

3 -bout / -bou

4 G- / g-

5 -o / -au

6 -s / -z

7 -s / -c

8 -e / -é

«Encore ! rugit-il. Donne-moi encore du gâteau ou je t'arrache les y______ [9] !
Et pas un mot à ta m____re [10], sinon je te mange tout cru !»

Rindert Kromhout, *Le monstre gourmand*, coll. «Étoile», Hurtubise HMH, 1998.

[9] -eux
-eu

[10] -e
-è

Entraîne-toi à bien écrire.

x X

y Y

As-tu bien compris le texte ?

1. Que veut manger le monstre ?

Il veut manger du ______________.

2. Quel mot a disparu ?

«Donne-moi encore du gâteau ou je t'arrache les ______________ ! »

19 Comptine pour jouer à la balle au mur ou pour sauter à la corde

Complète le texte en écrivant en lettres les chiffres entre parenthèses.

À la une la poulette brune

À la (2) ______________ a pondu des œufs

À la (3) ______________ c'est pas pour le roi

À la (4) ______________ il faudra les battre

À la (5) ______________ j'ai un fouet en zinc

À la (6) ______________ j'ajoute des épices

À la (7) ______________ pour faire une omelette

À la (8) ______________ je la mange tout de suite

À la (9) ______________ dans un plat tout neuf

À la (10) ______________ c'est un vrai délice !

André Vigeant, *Le bestiaire d'Anaïs*,
les Éditions du Boréal, 1991.

Entraîne-toi à bien écrire.

z

Z

As-tu bien compris le texte ?

1. De quelle couleur est la poulette ?

Elle est ______________ .

2. En quoi est fait le fouet ?

Il est fait en ______________ .

Corrigé
Mémento grammatical

Les trois princes (PAGE 4)

Le roi est dans sa **chambre**; il se repose, allongé dans son **lit**.

«Je suis vieux et malade», pense-t-il en fixant la flamme **dorée** de la bougie. Le roi tend la main vers la bougie. Il **aime** en **sentir** la chaleur. **Soudain**, la petite flamme vacille: les trois **princes** viennent d'ouvrir la porte. Avec respect, ils se tiennent à l'entrée de la chambre **royale**.

«Bonjour, **mes** fils! Je vous attendais.» murmure le roi.

1. chambre
Devant les lettres **m**, **p**, **b**, la lettre **n** devient **m** (sauf exception, comme dans le mot bonbon). Exemples: e**mm**ener, i**mp**ortant, cha**mb**re.

2. lit
On n'entend pas la lettre **t** quand on prononce le mot **lit**. En effet, certaines lettres ne s'entendent pas quand on prononce un mot. On les appelle des lettres muettes. Exemple: nui**t**. (Un **li** est une mesure chinoise qui vaut 576 mètres.)

3. dorée
Dorée est un adjectif. Il s'écrit avec un **e** à la fin parce qu'il s'accorde avec **flamme**, qui est féminin. Pour mettre un adjectif au féminin, on ajoute généralement un **e** à la fin. Exemple: un collier doré, un**e** flamme doré**e**.

4. aime
Les sons **è** et **ai** se prononcent de la même façon mais ne s'écrivent pas de la même façon. Exemples: fr**è**re, f**ai**re.

5. sentir
Les sons **en** et **an** se prononcent de la même façon mais ne s'écrivent pas de la même façon. Exemples: d**en**t, ch**ant**.

6. Soudain
Une phrase commence toujours par une lettre majuscule. On sait qu'une nouvelle phrase commence parce qu'il y a un point [.] juste avant le mot «Soudain».

7. princes
Princes est un nom. Il s'écrit avec un **s** à la fin parce qu'il est au pluriel. Pour mettre un nom au pluriel, on ajoute généralement un **s** à la fin. Exemple: un prince, **trois** prince**s**. Après les nombres deux, **trois**, quatre..., les noms sont toujours au pluriel.

8. royale
Royale est un adjectif. Il s'écrit avec un **e** à la fin parce qu'il s'accorde avec **chambre** qui est féminin. Pour mettre un adjectif au féminin, on ajoute généralement un **e** à la fin. Exemple: un cadeau royal, un**e** chambre royal**e**.

9. mes
Mes est un déterminant. Il est le pluriel des déterminants **mon** et **ma**. Exemples: **mon** fils/**mes** fils – **ma** fille/**mes** filles.

As-tu bien compris le texte ?

1. Il y a **trois** princes. 2. Le roi est dans sa **chambre**.

Dame Kilé, l'ourse ménagère (PAGE 6)

Dame Kilé, la Grande Ménagère, était de mauvais poil.

Le **roi** lui **demanda** poliment ce qui n'allait pas. L'ourse **grogna** :

— Il y a, Majesté, que depuis ce matin je trouve des **boulettes** de pâtes grise collées par terre, sous les **meubles**, sur les appuis de **fenêtre**, dans tous les coins du palais. J'ignore qui est l'auteur de cette **mauvaise** farce, mais si je l'attrape, je lui fais frotter le **parquet** de la **salle** de bal avec le nez !

Le roi songea immédiatement à la gomme baloune.

1. roi
Le son **oi** se prononce **oua**. Voici d'autres mots qui contiennent le son **oi** : j**oi**e, fr**oi**d, t**oi**, m**oi**.

2. demanda
Les sons **an** et **en** se prononcent de la même façon mais ne s'écrivent pas de la même façon. Exemples : guirl**an**de, lég**en**de.

3. grogna
Les lettres **gn** se prononcent **ni**. Voici d'autres mots qui contiennent le son **gn** : i**gn**orer, pei**gn**er, bai**gn**er.

4. boulettes
Attention ! À la fin d'un mot, le son **ète** s'écrit le plus souvent avec deux **t**. Exemples : assi**ette**, fourch**ette**, servi**ette**, lun**ette**.

5. meubles
Meubles est un nom. Il s'écrit avec un **s** à la fin parce qu'il est au pluriel. Pour mettre un nom au pluriel, on ajoute généralement un **s** à la fin. Exemple : un meuble, **des** meuble**s**. Après les déterminants les, **des**, mes, ses, tes, nos, vos, les noms sont toujours au pluriel.

6. fenêtre
Les accents sont des petits signes que l'on met sur les voyelles. La lettre **e** se prononce différemment si elle porte un accent **aigu**, un accent **grave** ou un accent **circonflexe**. Fen**ê**tre prend un **accent circonflexe** sur le deuxième **e**. Voici d'autres mots qui prennent un accent circonflexe : b**ê**te, f**ê**te, t**ê**te.

7. mauvaise
Mauvaise est un adjectif. Il s'écrit avec un **e** à la fin parce qu'il s'accorde avec le nom **farce**, qui est féminin. Pour mettre un adjectif au féminin, on ajoute généralement un **e** à la fin. Exemple : un mauvai**s** tour, un**e** mauvais**e** farce.

8. parquet
Attention ! La lettre **q** est toujours suivie d'un **u**, sauf à la fin de quelques mots. Exemples : cin**q**, co**q**.

9. salle
Attention ! Le nom **salle** (avec deux **l**) désigne une grande pièce. Exemple : une salle de cinéma. L'adjectif **sale** (avec un seul **l**) est le contraire de **propre**. Exemple : un meuble sale.

As-tu bien compris le texte ?

1. c) être de mauvaise humeur. **2.** Dame Kilé trouve des **boulettes** de pâte grise.

3 L'ami de Rosalinde (PAGE 8)

Rosalinde avait pour ami un éléphant **gris** qui aurait volontiers passé sa vie dans l'eau. Elle adorait aller à la **plage** avec lui, il adorait la porter sur son **dos**, et dès qu'il apercevait la mer, il se mettait à courir. Mais il s'arrêtait **toujours** au bord des **vagues**. Rosalinde sautait alors sur le sable doré, et l'**éléphant** gris allait barboter.

Il s'aspergeait et il riait tandis qu'elle cherchait **des** coquillages.

Elle en trouvait des ronds et des pointus, des nacrés et des biscornus.

Parfois, elle découvrait aussi des trésors: des **bouteilles**, des **boîtes** de conserve, mille choses encore.

1. gris
On n'entend pas la lettre **s** quand on prononce le mot **gris**. En effet, certaines lettres ne s'entendent pas quand on prononce un mot. On les appelle des lettres muettes.
Souvent, on peut trouver cette lettre en mettant le mot au féminin.
Exemple: gri**s** / gri**se**.

2. plage
La lettre **g** se prononce comme un **j** quand elle est placée devant un **e**, un **i** ou un **y**.
Exemples: rou**ge**, **gi**vre, g**y**mnase.

3. dos
Le **dos** est une partie du corps humain.
☛ Les noms des parties du corps humain sont des mots que les élèves de 1re année doivent savoir écrire. Exemples: la bouche, le bras, le cheveu, le cou, le doigt, le **dos**, le genou, la jambe, la joue, la main, le nez, le pied, la tête. ☚
(Le **do** est une note de musique.)

4. toujours
Toujours est un mot invariable (un adverbe) qui signifie «tout le temps». Exemple: Elle est **toujours** contente.

5. vagues
Si on ne mettait pas un **u** à **vague**, il faudrait prononcer «vaje». Devant les lettres **e**, **i** et **y**, le **g** se prononce comme un **j**. Voici d'autres mots où il faut mettre un **u** après le **g**: ba**gue**, lan**gue**, **gui**tare, **gui**de.

6. éléphant
Les sons **f** et **ph** se prononcent de la même façon mais ne s'écrivent pas de la même façon.
Exemples: gira**f**e, télé**ph**one.

7. des
Des est un déterminant. Il est le pluriel des déterminants **un** et **une**.
Exemples: **un** garçon/**des** garçons – **une** fille/**des** filles.

8. Elle
Une phrase commence toujours par une lettre majuscule. On sait qu'une nouvelle phrase commence parce qu'il y a un point [.] juste avant le mot «Elle».

9. bouteilles
Bouteilles est un nom. Il s'écrit avec un **s** à la fin parce qu'il est au pluriel. Pour mettre un nom au pluriel, on ajoute généralement un **s** à la fin. Exemple : une bouteille, **des** bouteille**s**. Après les déterminants les, **des**, mes, ses, tes, nos, vos, les noms sont toujours au pluriel.

As-tu bien compris le texte ?

1. Un **éléphant**. 2. Il se mettait à **courir**.

4 Badaboum, l'âne malheureux (PAGE 10)

> Le marché fini, le gros **Vincent** entre à l'auberge, **mange** comme deux, boit comme trois, fume la pipe, étend ses **jambes** devant la cheminée, regarde une bonne **heure** la télé[.] Il est heureux, il prend son temps.
>
> **Dehors**, Badaboum l'attend sous le **soleil** ou sous la pluie. Jamais une caresse. **Jamais** une gâterie. Il n'a **droit** qu'à une poignée d'avoine, un chardon sec, un peu de foin. Juste ce qu'il faut pour ne pas mourir de **faim**.

1. Vincent
Les noms de personnes sont des noms propres. Ils commencent toujours par une lettre majuscule.

2. mange
La lettre **g** se prononce comme un **j** quand elle est placée devant un **e**, un **i** ou un **y**.
Exemples : nei**ge**, **gi**bier, **gy**mnase.

3. jambes
Devant les lettres **m**, **p**, **b**, la lettre **n** devient **m** (sauf exception, comme dans le mot bonbon).
Exemples : e**mm**ener, i**mp**ortant, cha**mb**re.

4. heure
On n'entend pas la lettre **h** quand on prononce le mot **heure**. En effet, certaines lettres ne s'entendent pas quand on prononce un mot. On les appelle des lettres muettes. Exemples : **h**omme, **h**erbe.

5. [.]
Une phrase se termine toujours par un point [.], un point d'exclamation [!], un point d'interrogation [?], des points de suspension [...]. Nous savons ici que c'est la fin d'une phrase, car le mot suivant (**Il**) commence par une lettre majuscule. Une phrase ne se termine jamais par une virgule.

6. Dehors
Une phrase commence toujours par une majuscule. On sait qu'une nouvelle phrase commence parce qu'il y a un point [.] juste avant le mot «Dehors».

7. soleil
Les sons **eil** et **eille** se prononcent de la même façon mais ne s'écrivent pas de la même façon. Le plus souvent, les mots terminés par **–eil** sont masculins, et les mots terminés par **–eille** sont féminins. Exemples : un rév**eil**, une bout**eille**.

8. Jamais
Jamais est un mot invariable (un adverbe) qui signifie le contraire de **toujours**. Exemple : Je ne pleure **jamais**.

9. droit
Il faut faire attention de ne pas confondre les lettres **d** et **b**. Si l'on mettait un **b**, il faudrait prononcer «broit».

10. faim
Certains mots se prononcent de la même façon mais ne s'écrivent pas de la même façon. Pour savoir comment ils s'écrivent, il faut tenir compte du contexte. La **faim** est ce que l'on ressent quand on a besoin de manger. Exemple : Si tu as encore **faim**, prends un autre biscuit. (Le mot **fin** signifie «terminé». Exemple : C'est la **fin** de la récré, il faut rentrer.)

As-tu bien compris le texte ?

1. Il s'appelle **Badaboum**. 2. Il est **gros**.

Poucet (PAGE 12)

Poucet, Amandine et **Elzéa** contemplent le feu. **Les** flammes s'agitent et s'étirent comme des fantômes lumineux. **Une** foule de petits bruits s'échappent de la forêt, tout près. C'est un peu inquiétant... Poucet plonge la **main** dans **sa** poche pour sentir la fourrure de Petit Poucet **sous** ses **doigts**. D'habitude, ce geste le **rassure**. Mais cette fois, c'est le contraire... Parce que Petit Poucet n'est pas là !

— Que se passe-t-il, Poucet ? Tu es plus pâle que la lune, remarque Elzéa.

Poucet a des noeuds **dans** l'estomac.

— Mon... mon chien... a disparu, bégaie-t-il[.]

1. Elzéa
Les noms de personnes sont des noms propres. Ils commencent toujours par une lettre majuscule.

2. Les
Les est le pluriel des déterminants **le** et **la**. Exemples : **le** garçon/**les** garçons – **la** fille/**les** filles. (Le mot **lait** désigne le liquide blanc que produisent les mammifères, par exemple les vaches.)

3. Une
Une phrase commence toujours par une majuscule. On sait qu'une nouvelle phrase commence parce qu'il y a un point [.] juste avant le mot «Une».

4. main
Les sons **in** et **ain** se prononcent de la même façon mais ne s'écrivent pas de la même façon. Exemples : sap**in**, tr**ain**.

5. sa
Le mot **sa** est un déterminant féminin qui indique à qui appartient l'objet dont on parle. Exemple : **Sa** bicyclette est rouge. (Le mot **ça** remplace **ceci** ou **cela**. Exemple : **Ça** suffit !)

6. sous
Sous est un mot de relation (une préposition) qui indique le lieu. Il est invariable. Exemple : Le chat est **sous** la table. (Un **sou** est une pièce de monnaie.)

7. doigts

Doigts est un nom. Il s'écrit avec un **s** à la fin parce qu'il est au pluriel. Pour mettre un nom au pluriel, on ajoute généralement un **s** à la fin. Exemple : son doigt, **ses** doigt**s**. Après les déterminants les, des, mes, **ses**, tes, nos, vos, les noms sont toujours au pluriel.

8. rassure

Si on ne mettait pas deux **s** à **rassure**, il faudrait prononcer «ra**z**ure». Entre deux voyelles (a, e, i, o, u, y), la lettre **s** se prononce comme un **z**. Par exemple, o**ise**au, ra**isi**n.

9. dans

Dans est un mot de relation (une préposition) qui indique le lieu. Il est invariable. Exemple : Elle est **dans** la cuisine. (Le mot **dent** désigne ce qui, dans la bouche, sert à mordre et à mâcher.)

10. [.]

Une phrase se termine toujours par un point [.], un point d'exclamation [!], un point d'interrogation [?], des points de suspension [...]. Une phrase ne se termine jamais par une virgule.

As-tu bien compris le texte ?

1. Ils contemplent le **feu**. 2. Le **chien** a disparu.

Le mouton disparu (PAGE 14)

— Où est passé mon mouton gris ?

Au petit **matin**, Mère Brebis n'y tient plus. Alors, elle mène ses trois petits à la garderie Fonfontaine et elle part à la recherche de son mouton disparu.

— Soyez sages, mes **agneaux**, maman sera de retour **bientôt**.

Compter ses **moutons**, ça va la nuit, pas le jour. **Depuis** le matin, Madame Brebis **compte** plutôt les dangers.

— **Un** boucher, deux couteaux, trois **casseroles**, quatre **pièges**, cinq **chasseurs**, six fusils, sept barbecues...

1. matin

Les sons **in** et **ain** se prononcent de la même façon mais ne s'écrivent pas de la même façon. Exemples : sap**in**, tr**ain**.

2. agneaux

Les sons **eau** et **au** se prononcent de la même façon mais ne s'écrivent pas de la même façon. Exemples : chap**eau**, h**au**t.

3. bientôt

Les accents sont des petits signes que l'on met sur les voyelles pour en changer le son. **Bientôt** (comme aussi**tôt**) prend un **accent circonflexe** sur le **o**.

4. moutons

Moutons est un nom. Il s'écrit avec un **s** à la fin parce qu'il est au pluriel. Pour mettre un nom au pluriel, on ajoute généralement un **s** à la fin. Exemple : son mouton, **ses** mouton**s**. Après les déterminants les, des, mes, **ses**, tes, nos, vos, les noms sont toujours au pluriel.

5. Depuis

Une phrase commence toujours par une lettre majuscule. On sait qu'une nouvelle phrase commence parce qu'il y a un point [.] juste avant le mot «Depuis».

6. compte

Devant les lettres **m**, **p**, **b**, la lettre **n** devient **m** (sauf exception, comme dans le mot bonbon). Exemples: e**mm**ener, i**mp**ortant, cha**mb**re.

7. Un

☛ Les élèves de 1re année doivent savoir écrire en lettres les nombres de un à dix: un, deux, trois, quatre, cinq, six, sept, huit, neuf, dix. ☚

8. casseroles

Si on ne mettait pas deux **s** à **casserole**, il faudrait prononcer «ca**z**erole».
Entre deux voyelles (a, e, i, o, u, y), la lettre **s** se prononce comme un **z**. Par exemple, o**ise**au, ra**isi**n.

9. pièges

Les accents sont des petits signes que l'on met sur les voyelles. La lettre **e** se prononce différemment si elle porte un accent **aigu**, un accent **grave** ou un accent **circonflexe**. Pi**è**ge (comme siège) prend un **accent grave** sur le premier **e**.

10. chasseurs

Chasseurs est un nom. Il s'écrit avec un **s** à la fin parce qu'il est au pluriel. Pour mettre un nom au pluriel, on ajoute généralement un **s** à la fin. Exemple: un chasseur, **cinq** chasseur**s**. Après les nombres deux, trois, quatre..., les noms sont toujours au pluriel.

As-tu bien compris le texte?

1. Le mouton est **gris**. **2**. Fonfontaine

Le vaisseau perdu (PAGE 16)

Le **vaisseau** des enfants de l'espace est arrêté au large d'une petite planète verte.

Dans sa cabine, Thomas joue de la **guitare** en fredonnant une **chanson**. Il pense à ses **parents**...

Quand les reverra-t-il ? Peut-être sont-ils sur cette planète ?

Tout à coup, l'alarme retentit. Le **garçon** saute de sa **couchette** et court jusqu'au poste de pilotage.

Sa **soeur** et Achille le robot sont devant les écrans de contrôle.

— L'ordinateur a donné l'alarme, dit **Caroline**. Mais je ne **comprends** pas pourquoi...

1. vaisseau
Les sons **o** et **eau** se prononcent de la même façon mais ne s'écrivent pas de la même façon. Exemples: gr**o**s, b**eau**.

2. guitare
Si on ne mettait pas un **u** à **guitare**, il faudrait prononcer «jitare». Devant les lettres **e**, **i** et **y**, le **g** se prononce comme un **j**. Voici d'autres mots où il faut mettre un **u** après le **g**: ba**gue**, lan**gue**, **gui**mauve, **gui**de.

3. chanson
Les sons **an** et **en** se prononcent de la même façon mais ne s'écrivent pas de la même façon. Exemples: d**an**se, alim**en**t.

4. parents
Parents est un nom. Il s'écrit avec un **s** à la fin parce qu'il est au pluriel. Pour mettre un nom au pluriel, on ajoute généralement un **s** à la fin. Exemple: son jouet, **ses** jouet**s**. Après les déterminants les, des, mes, **ses**, tes, nos, vos, les noms sont toujours au pluriel.

5. garçon
La lettre **c** se prononce comme un **s** seulement devant les lettres **e** et **i**. Exemples: **ce**rise, mer**ci**. Devant les lettres **a**, **o** et **u**, la lettre **c** peut aussi se prononcer comme un **s**, mais à condition d'y ajouter une cédille. Exemples: le**ço**n, fa**ça**de, re**çu**.

6. couchette
Attention ! À la fin d'un mot, le son **ète** s'écrit le plus souvent avec deux **t**. Exemples: assi**ette**, fourch**ette**, servi**ette**, lun**ette**.

7. soeur
Les sons **oeur** et **eur** se prononcent de la même façon mais ne s'écrivent pas de la même façon. Exemples: c**oeur** et p**eur**.

8. Caroline
Les noms de personnes sont des noms propres. Ils commencent toujours par une lettre majuscule.

9. comprends
Devant les lettres **m**, **p**, **b**, la lettre **n** devient **m** (sauf exception, comme dans le mot bonbon). Exemples: e**mm**ener, i**mp**ortant, cha**mb**re.

As-tu bien compris le texte ?

1. Elle est **verte**. **2**. Il s'appelle **Achille**.

8 Les deux amis (PAGE 18)

Paul **et** Jack sont de très bons amis. Ils **partagent** leur maison et travaillent **ensemble**. Quand on appelle **Paul**, c'est Jack qui répond. **Quand** on cherche Jack, on trouve Paul. Pourtant, ils ne sont ni jumeaux, ni même **frères**. Ce sont juste les **meilleurs** amis du monde. **Aujourd'hui**, Paul et Jack s'ennuient.

«**J'ai** envie de me dégourdir les jambes, dit Paul.

— Faisons une randonnée, propose Jack.

— Quelle bonne idée ! Partons tout de suite.»

Paul et Jack préparent quelques affaires, ferment la porte et se mettent en route[.]

1. et
Et est un mot de relation (une conjonction) qui sert à relier des mots entre eux. Il est invariable. Exemple : Des oranges **et** des bananes.

2. partagent
Partagent (vient du verbe **partager**). Il se termine par **ent** parce qu'il s'accorde avec **ils** qui est à la troisième personne du pluriel. Les verbes à la troisième personne du pluriel (ils, elles) conjugués au présent se terminent par **ent**. Exemples : il**s** aim**ent**, elle**s** chant**ent**.

3. ensemble
Devant les lettres **m**, **p**, **b**, la lettre **n** devient **m** (sauf exception, comme dans le mot bonbon). Exemples : e**mm**ener, i**mp**ortant, cha**mb**re.

4. Paul
Les noms de personnes sont des noms propres. Ils commencent toujours par une lettre majuscule.

5. Quand
Quand est un mot de relation qui indique le temps. Il est invariable. Exemple : **Quand** je serai grand, je serai capitaine de bateau. Attention ! La lettre **q** est toujours suivie d'un **u**, sauf à la fin de quelques mots. Exemples : cin**q**, co**q**.

6. frères
Les accents sont des petits signes que l'on met sur les voyelles. La lettre **e** se prononce différemment si elle porte un accent **aigu**, un accent **grave** ou un accent **circonflexe**. Fr**è**re (comme p**è**re) prend un **accent grave** sur le premier **e**.

7. meilleurs
Meilleurs est un adjectif. Il s'écrit avec un **s** à la fin parce qu'il s'accorde avec **amis**, qui est au pluriel. Pour mettre un adjectif au pluriel, on ajoute généralement un **s** à la fin. Exemple : le meilleur ami, **les** meilleur**s** ami**s**.

8. Aujourd'hui
Une phrase commence toujours par une majuscule. On sait qu'une nouvelle phrase commence parce qu'il y a un point [.] juste avant le mot «Aujourd'hui».

9. J'ai
J'ai est le verbe **avoir** conjugué à la première personne du singulier de l'indicatif présent.
☛ Les élèves de 1re année doivent savoir conjuguer le verbe **avoir** à l'indicatif présent (1re, 2e, 3e personnes du singulier et 3e personne du pluriel) : j'ai, tu as, il, elle a, ils, elles ont. ☚

10. [.]

Une phrase se termine toujours par un point [.], un point d'exclamation [!], un point d'interrogation [?], des points de suspension [...]. Une phrase ne se termine jamais par une virgule.

As-tu bien compris le texte ?

1. **Jack** répond. 2. On trouve **Paul**.

Quand j'étais petite... (PAGE 20)

Aujourd'hui, on fait une grande **fête** avec des **ballons**, un **gâteau**, des **bonbons**, de la musique. Une grande fête pour **Lili**. Lili, c'est un peu ma soeur et c'est ma meilleure **amie**.

Mais en vérité, eh bien **avant**... Lili, je ne l'aimais pas. Mais alors, pas du tout ! Et je n'ai pas toujours été très **gentille** avec elle. Sans **mentir**, il y a des jours où je lui en ai fait voir de toutes les **couleurs**. Quand j'y pense, j'ai le coeur triste. Mais il vaudrait mieux que je commence par le début.

1. fête

Les accents sont des petits signes que l'on met sur les voyelles. La lettre **e** se prononce différemment si elle porte un accent **aigu**, un accent **grave** ou un accent **circonflexe**. F**ê**te (comme t**ê**te) prend un **accent circonflexe** sur le premier **e**.

2. ballons

Il faut retenir que **ballon**, comme **balle**, prend deux **l**.

3. gâteau

Les sons **o**, **eau** et **au** se prononcent de la même façon mais ne s'écrivent pas de la même façon. Exemples : pian**o**, bat**eau**, tuy**au**.

4. bonbons

Bonbons est un nom. Il s'écrit avec un **s** à la fin parce qu'il est au pluriel. Pour mettre un nom au pluriel, on ajoute généralement un **s** à la fin. Exemple : un bonbon, **des** bonbon**s**. Après les déterminants les, **des**, mes, ses, tes, nos, vos, les noms sont toujours au pluriel.

5. Lili

Les noms de personnes sont des noms propres. Ils commencent toujours par une lettre majuscule.

6. amie

Amie est le féminin de **ami**. Pour mettre un nom au féminin, on ajoute généralement un **e** à la fin. Exemple : mon meilleur ami, **ma** meilleur**e** ami**e**. Après les déterminants la, une, **ma**, sa, ta, les noms sont toujours au féminin.

7. avant

Avant est un mot de relation (une préposition ou un adverbe) qui indique le temps. Il est invariable. C'est le contraire de **après**. Exemple : Lundi est **avant** mardi.

8. gentille

Le mot **gentille** est le féminin de **gentil**. Exemples : un gentil chat, un**e** gentil**le** chat**te**.

9. mentir
Les sons **en** et **an** se prononcent de la même façon mais ne s'écrivent pas de la même façon. Exemples: s**en**tir, dem**an**der.

10. couleurs
Couleurs est un nom. Il s'écrit avec un **s** à la fin parce qu'il est au pluriel. Pour mettre un nom au pluriel, on ajoute généralement un **s** à la fin. Exemple: la couleur, **les** couleur**s**. Après les déterminants **les**, des, mes, ses, tes, nos, vos, les noms sont toujours au pluriel.

As-tu bien compris le texte?

1. Oui 2. On fait une fête pour **Lili**.

10 Les sorcières (PAGE 22)

Trois **méchantes** sorcières habitaient dans un livre, un très **grand** et très **gros** livre recouvert de cuir **rouge**, coincé entre deux hautes **maisons**. Les sorcières s'appelaient Carabique, Carabosse et Carapate. Tôt le matin, elles ramassaient des orties et des vipères pour leur **soupe**, **puis** elles montaient sur leurs grands balais pour chercher les **enfants** qui traînaient tout seuls dans les **rues**.

1. méchantes
Méchantes est un adjectif. Il s'écrit avec un **s** à la fin parce qu'il s'accorde avec **sorcières**, qui est au pluriel. Pour mettre un adjectif au pluriel, on ajoute généralement un **s** à la fin. Exemple: **une** méchant**e** sorcièr**e**, **trois** méchante**s** sorcière**s**.

2. grand
On n'entend pas la lettre **d** quand on prononce le mot **grand**. En effet, certaines lettres ne s'entendent pas quand on prononce un mot. On les appelle des lettres muettes. Souvent, on peut trouver cette lettre en mettant ce mot au féminin. Exemple: gran**d** / gran**de**.

3. gros
On n'entend pas la lettre **s** quand on prononce le mot **gros**. En effet, certaines lettres ne s'entendent pas quand on prononce un mot. On les appelle des lettres muettes. Souvent, on peut trouver cette lettre en mettant ce mot au féminin. Exemple: gro**s** / gro**ss**e.

4. rouge
La lettre **g** se prononce comme un **j** quand elle est placée devant un **e**, un **i** ou un **y**. Exemples: nei**ge**, **gi**bier, **gy**mnase.

5. maisons
La lettre **s** se prononce comme un **z** quand elle est placée entre deux voyelles (a, e, i, o, u, y). Exemples: r**ose**, co**usi**n, v**isa**ge, m**usi**que.

6. soupe
Il faut faire attention de ne pas confondre les lettres **p** et **q**. Si l'on mettait un **q**, il faudrait prononcer «souke».

7. puis
Puis est un mot de relation (un adverbe) qui signifie **ensuite**. Il est invariable. Exemple: Je mangerai ce biscuit, **puis** je partirai.

8. enfants

Enfants est un nom. Il s'écrit avec un **s** à la fin parce qu'il est au pluriel. Pour mettre un nom au pluriel, on ajoute généralement un **s** à la fin. Exemple : l'enfant, **les** enfant**s**. Après les déterminants **les**, des, mes, ses, tes, nos, vos, les noms sont toujours au pluriel.

9. rues

On n'entend pas la lettre **e** quand on prononce le mot **rue**. En effet, certaines lettres ne s'entendent pas quand on prononce un mot. On les appelle des lettres muettes. Exemple : tortu**e**. (Un **ru** est un petit ruisseau.)

As-tu bien compris le texte ?

1. **Trois** sorcières. 2. Tôt le **matin**.

11 Le bonhomme qui souffle le vent (PAGE 24)

Le bonhomme qui souffle le vent est assis sur un nuage **blanc**, là-haut, tout là-haut dans le **ciel**.

De là, il voit le monde entier et il cherche, sitôt réveillé, sur qui il pourrait bien souffler[.]

Quand il a passé une bonne nuit et qu'il a fait de **jolis** rêves, il **est** doux, poli[,] gentil.
Il souffle un petit air léger qui **caresse** les cheveux des filles et les joues **roses** des bébés.

Parfois, il se sent tout joyeux et a envie de s'amuser. Alors, il souffle un grand coup.

Pfou ! Pfou ! Pfou ! Il retourne les parapluies.

Pfou ! Pfou ! Pfou ! Il soulève les **jupes** des grosses dames.

1. Le
Une phrase commence toujours par une majuscule.

2. blanc
☛ Les élèves de 1re année doivent savoir écrire le nom des couleurs : blanc, bleu, brun, gris, jaune, noir, rose, rouge, vert. ☚

3. ciel
La lettre **c** se prononce comme un **s** quand elle est placée devant un **i** ou un **e**.
Exemples : **ci**trouille, lima**ce**.

4. [.]
Une phrase se termine toujours par un point [.], un point d'exclamation [!], un point d'interrogation [?], des points de suspension [...]. Nous savons ici que la phrase se termine, car le mot suivant (Quand) commence par une lettre majuscule. Une phrase ne se termine jamais par une virgule.

5. jolis
Jolis est un adjectif. Il s'écrit avec un **s** à la fin parce qu'il s'accorde avec **rêves**, qui est au pluriel. Pour mettre un adjectif au pluriel, on ajoute généralement un **s** à la fin.
Exemple : un joli rêve, **des** joli**s** rêve**s**.

6. est
Est est le verbe **être** conjugué à la 3e personne du singulier de l'indicatif présent.
☛ Les élèves de 1re année doivent savoir conjuguer le verbe **être** à l'indicatif présent (1re, 2e, 3e personnes du singulier et 3e personne du pluriel) : je suis, tu es, **il**, elle **est**, ils, elles sont. ☚

7. [,]
Il faut mettre une virgule pour séparer chaque mot d'une énumération. Exemple : Il est grand[,] gros[,] fort.

8. caresse
Si on ne mettait pas deux **s** à **caresse**, il faudrait prononcer «carè**z**e».
Entre deux voyelles (a, e, i, o, u, y), la lettre **s** se prononce comme un **z**. Par exemple, chem**ise**, v**ase**.

9. roses
Roses est un adjectif. Il s'écrit avec un **s** à la fin parce qu'il s'accorde avec **joues**, qui est au pluriel. Pour mettre un adjectif au pluriel, on ajoute généralement un **s** à la fin.
Exemple : la joue rose, **les** joue**s** rose**s**.

10. jupes
La lettre **g** se prononce comme un **j seulement** quand elle est placée devant un **e**, un **i** ou un **y**. Exemples : sin**ge**, **gi**rafe, **gy**mnase.

As-tu bien compris le texte ?

1. Il est assis sur un **nuage**. 2. Les jupes des grosses **dames**.

12 Plume, l'ourson polaire (PAGE 26)

En arrivant au bord de la **mer**, papa ours dit à son **fils**: «Reste là et regarde-moi faire.» Tout le jour, papa ours apprend à Plume à nager, à plonger, à rester longtemps sous l'eau et à pêcher. Le soir venu, ils partagent un gros **poisson** pour leur **dîner**. Bientôt la nuit va **tomber**. Alors, papa ours apprend à son fils à faire un gros tas de **neige** pour se protéger du **vent**. Et comme Plume est très fatigué, il s'endort très vite, bien à l'abri. Mais, durant la **nuit**, la **glace** se met doucement à craquer. Un gros morceau se détache et s'en va en flottant sur la mer, emportant Plume endormi **derrière** son tas de neige.

1. mer
Attention! Il ne faut pas confondre les mots **mer** et **mère** qui se prononcent de la même façon. La **mer** est une grande étendue d'eau salée. Une **mère** est une maman.

2. fils
Le **fils** est l'enfant de sexe masculin de quelqu'un. Attention! Ce mot prend toujours un **s** à la fin et le **l** ne se prononce pas.

3. poisson
Si on ne mettait pas deux **s** à **poisson**, il faudrait prononcer «poi**z**on». Entre deux voyelles (a, e, i, o, u, y), la lettre **s** se prononce comme un **z**. Par exemple, r**o**s**e**, co**u**s**i**n. (Un **poison** est une substance dangereuse.)

4. dîner
☛ Les enfants de 1re année doivent savoir écrire le nom des repas: déjeuner, dîner, souper. ☚

5. tomber
Devant les lettres **m**, **p**, **b**, la lettre **n** devient **m** (sauf exception, comme dans le mot bonbon). Exemples: e**mm**ener, i**mp**ortant, cha**mb**re.

6. neige
Les sons **ai** et **ei** se prononcent de la même façon mais ne s'écrivent pas de la même façon. Exemples: b**ei**ge, fr**ai**se.

7. vent
Les sons **en** et **an** se prononcent de la même façon mais ne s'écrivent pas de la même façon. Exemples: d**en**t, ch**ant**.

8. nuit
On n'entend pas la lettre **t** quand on prononce le mot **nuit**. En effet, certaines lettres ne s'entendent pas quand on prononce un mot. On les appelle des lettres muettes. Exemples: brui**t**, frui**t**. (Le mot **nui** est le participe passé du verbe **nuire**.)

9. glace
La lettre **c** se prononce comme un **s** quand elle est placée devant un **i** ou un **e**. Exemples: **ci**ment, pou**ce**.

10. derrière
Derrière est un mot de relation (une préposition ou un adverbe) qui indique le lieu. C'est le contraire de **devant**. Exemple: Il est caché **derrière** le rideau.

As-tu bien compris le texte?

1. Ils partagent un gros **poisson**. **2.** Elle se met à craquer durant la **nuit**.

13 Tim veut partir en mer (PAGE 28)

Tim se sent déjà un vrai **marin**.

Mais il est vite **déçu**. Quand il demande à son **père** et à sa mère s'il peut être marin, ils se mettent à rire et lui disent qu'il est **beaucoup** trop jeune, qu'il doit encore attendre des **années** et des années. Tim est triste. Si triste, qu'il décide de s'enfuir en mer à la **première** occasion. Quelques jours plus tard, son copain, le **vieux** loup de mer, lui annonce qu'il va sortir avec son **bateau** à moteur pour aller voir un paquebot ancré dans la baie. «Aimerais-tu m'accompagner et me donner un coup de main ?»

Tim est fou de **joie**.

1. marin
Les sons **in** et **ain** se prononcent de la même façon mais ne s'écrivent pas de la même façon. Exemples: rais**in**, b**ain**.

2. déçu
La lettre **c** se prononce comme un **s** seulement devant les lettres **e** et **i**. Exemples: **ce**rise, mer**ci**. Devant les lettres **a**, **o** et **u**, la lettre **c** peut aussi se prononcer comme un **s**, mais à condition d'y ajouter une cédille. Exemples: le**ço**n, fa**ça**de, re**çu**.

3. père
Les sons **è** et **ai** se prononcent de la même façon mais ne s'écrivent pas de la même façon. Exemples: fr**è**re, f**ai**re. (Une **paire** est l'ensemble de deux choses semblables. Exemple: une paire de mitaines .)

4. beaucoup
On n'entend pas la lettre **p** quand on prononce le mot **beaucoup**. En effet, certaines lettres ne s'entendent pas quand on prononce un mot. On les appelle des lettres muettes. Exemples: lou**p,** dra**p**.

5. années
Années est un nom. Il s'écrit avec un **s** à la fin parce qu'il est au pluriel. Pour mettre un nom au pluriel, on ajoute généralement un **s** à la fin. Exemple: une année, **des** année**s**. Après les déterminants les, **des**, mes, ses, tes, nos, vos, les noms sont toujours au pluriel.

6. première
Première est le féminin de **premier**. Les accents sont des petits signes que l'on met sur les voyelles. La lettre **e** se prononce différemment si elle porte un accent **aigu**, un accent **grave** ou un accent **circonflexe**. **Première** (comme dern**iè**re) prend un **accent grave** sur le deuxième **e**.

7. vieux
On n'entend pas la lettre **x** quand on prononce le mot **vieux**. En effet, certaines lettres ne s'entendent pas quand on prononce un mot. On les appelle des lettres muettes. Exemples : deu**x**, pai**x**.

8. bateau
Les sons **o** et **eau** se prononcent de la même façon mais ne s'écrivent pas de la même façon. Exemples : pian**o**, mart**eau**.

9. joie
On n'entend pas la lettre **e** quand on prononce le mot **joie**. En effet, certaines lettres ne s'entendent pas quand on prononce un mot. On les appelle des lettres muettes. Exemples : oi**e**, voi**e**.

As-tu bien compris le texte ?

1. Tim veut être un **marin**. 2. Un **paquebot** est ancré dans la baie.

La fleur du diable (PAGE 30)

En route, Crapoussin explique à Florentine que la fleur de puissance du diable est une fleur extrêmement rare[.] Elle ne fleurit qu'une fois par année, à **minuit**, une certaine nuit de la **dernière semaine** de juin. Elle ne dure qu'une heure. Il **faut** cueillir la **plante** au moment où la fleur s'ouvre. Elle confère alors à celui qui la possède des pouvoirs **magiques**.

— Mais où trouverons-nous une telle fleur cette nuit ? s'inquiète **Florentine**.

— Chez l'Avocat. En route !

La soirée est très avancée quand les enfants s'arrêtent enfin devant une grotte dissimulée derrière des **buissons**.

1. [.]
Une phrase se termine toujours par un point [.], un point d'exclamation [!], un point d'interrogation [?], des points de suspension [...]. Nous savons ici que c'est la fin d'une phrase, car le mot suivant (**Elle**) commence par une lettre majuscule. Une phrase ne se termine jamais par une virgule.

2. minuit
On n'entend pas la lettre **t** quand on prononce le mot **minuit**. En effet, certaines lettres ne s'entendent pas quand on prononce un mot. On les appelle des lettres muettes. Exemples : nui**t**, circui**t**.

3. dernière
Dernière est le féminin de **dernier**. Les accents sont des petits signes que l'on met sur les voyelles. La lettre **e** se prononce différemment si elle porte un accent **aigu**, un accent **grave** ou un accent **circonflexe**. **Dernière** (comme prem**iè**re) prend un **accent grave** sur le deuxième **e**.

4. semaine
Les sons **ai** et **è** se prononcent de la même façon mais ne s'écrivent pas de la même façon. Exemples : font**ai**ne et sir**è**ne.

5. faut
☛ Les élèves de 1re année doivent savoir écrire **il faut**. **Faut** est le verbe **falloir** conjugué à la 3e personne du singulier de l'indicatif présent. ☚

6. plante
Les sons **an** et **en** se prononcent de la même façon mais ne s'écrivent pas de la même façon. Exemples : vac**an**ces, lég**en**de.

7. magiques
Magiques est un adjectif. Il s'écrit avec un **s** à la fin parce qu'il s'accorde avec **pouvoirs**, qui est au pluriel. Pour mettre un adjectif au pluriel, on ajoute généralement un **s** à la fin. Exemple : un pouvoir magique, **des** pouvoir**s** magique**s**.

8. Florentine
Les noms de personnes sont des noms propres. Ils commencent toujours par une lettre majuscule.

9. buissons
Buissons est un nom. Il s'écrit avec un **s** à la fin parce qu'il est au pluriel. Pour mettre un nom au pluriel, on ajoute généralement un **s** à la fin. Exemple : un buisson, **des** buisson**s**. Après les déterminants les, **des**, mes, ses, tes, nos, vos, les noms sont toujours au pluriel.

As-tu bien compris le texte ?

1. Vrai **2.** La grotte est dissimulée derrière des **buissons**.

Bonne nuit ! (PAGE 32)

Et **Jean-Loup**, aidé par mouton 7, reprit sa place bien au **chaud** dans son lit. Au-dessus de sa **tête**, le nuage disparut. Là-haut, très très loin, juste au bord du **sommeil**, une petite voix dit doucement :

— **Bonne** nuit, Jean-Loup.

Jean-Loup sourit, **content** qu'on l'appelle enfin par son **nom**.

Il répondit chaleureusement :

— Bonne nuit, monsieur 7 ⊡

1. Jean-Loup
Les noms de personnes sont des noms propres. Ils commencent toujours par une lettre majuscule.

2. chaud
On n'entend pas la lettre **d** quand on prononce le mot **chaud**. En effet, certaines lettres ne s'entendent pas quand on prononce un mot. On les appelle des lettres muettes. Souvent, on peut trouver cette lettre en mettant le mot au féminin. Exemple : chau**d** / chaud**e**.

3. tête
Les accents sont des petits signes que l'on met sur les voyelles. La lettre **e** se prononce différemment si elle porte un accent **aigu**, un accent **grave** ou un accent **circonflexe**. T**ê**te (comme f**ê**te) prend un **accent circonflexe** sur le premier **e**.

4. sommeil

Les sons **eil** et **eille** se prononcent de la même façon mais ne s'écrivent pas de la même façon. Le plus souvent, les mots terminés par **–eil** sont masculins, et les mots terminés par **–eille** sont féminins. Exemples : un sol**eil**, une bout**eille**. (**Sommeille** est le verbe **sommeiller** conjugué à la 1re ou à la 3e personne du singulier de l'indicatif présent.)

5. Bonne

Le mot **bonne** est le féminin de **bon**. Exemples : un bon garçon / une **bonne** fille. Attention ! Il prend deux **n**.

6. content

On n'entend pas la lettre **t** quand on prononce le mot **content**. En effet, certaines lettres ne s'entendent pas quand on prononce un mot. On les appelle des lettres muettes. Souvent, on peut trouver cette lettre en mettant ce mot au féminin. Exemple : conten**t** / conten**te**.

7. nom

Certains mots se prononcent de la même façon mais ne s'écrivent pas de la même façon. Pour savoir comment ils s'écrivent, il faut tenir compte du contexte. Le **nom** sert à désigner une personne. Exemple : Le **nom** de ma soeur est Julie.
Non est le contraire de **oui**. Exemple : As-tu les yeux bleus ? — **Non**, j'ai les yeux verts.

8. Il

Une phrase commence toujours par une majuscule. On sait qu'une nouvelle phrase commence parce qu'il y a un point [.] juste avant le mot « Il ».

9. [.]

Une phrase se termine toujours par un point [.], un point d'exclamation [!], un point d'interrogation [?], des points de suspension [...]. Une phrase ne se termine jamais par une virgule.

As-tu bien compris le texte ?

1. Par **mouton 7** 2. Bonne **nuit**, Jean-Loup.

16 Conversation (PAGE 34)

Comment ça va sur la terre ?
— Ça va, ça va, ça va bien.
Les **petits** chiens sont-ils prospères ?
— Mon Dieu oui **merci** bien.
Et les **nuages**?
— Ça flotte.
Et les **volcans**?
— Ça mijote.
Et les **fleuves**?
— Ça s'écoule.
Et le **temps**?
— Ça se déroule.
Et votre âme ?
— Elle est malade
le **printemps** était trop **vert**
elle a mangé trop de salade.

1. Comment
Comment est un mot invariable qui permet de poser une question.
Exemple : **Comment** ça s'écrit ?

2. petits
Petits est un adjectif. Il s'écrit avec un **s** à la fin parce qu'il s'accorde avec **chiens**, qui est au pluriel. Pour mettre un adjectif au pluriel, on ajoute généralement un **s** à la fin.
Exemple : le petit chien, **les** petit**s** chien**s**.

3. merci
La lettre **c** se prononce comme un **s** quand elle est placée devant un **e** ou un **i**.
Exemples : dou**ce**, **ci**nq.
☛ Les élèves de 1re année doivent savoir écrire certains mots de communication courante. Exemples : merci, bonjour, oui, non. ☚

4. nuages

5. volcans

6. fleuves

Nuages, volcans et **fleuves** sont des noms. Ils s'écrivent avec un **s** à la fin parce qu'ils sont au pluriel. Pour mettre un nom au pluriel, on ajoute généralement un **s** à la fin.
Exemples : le nuage / le**s** nuage**s**, le volcan / le**s** volcan**s**, le fleuve / le**s** fleuve**s**. Après les déterminants **les**, des, mes, ses, tes, nos, vos, les noms sont toujours au pluriel.

7. temps
Temps prend toujours un **s** à la fin. Certains mots s'écrivent toujours avec un **s** à la fin, même au singulier. Exemples : ju**s**, do**s**, souri**s**.

8. printemps
Printemps s'écrit avec un **s** à la fin parce qu'il contient le mot temp**s**.
☛ Les élèves de 1re année doivent savoir écrire les noms des quatre saisons: **printemps**, été, automne, hiver. ☚

9. vert
☛ Les élèves de 1re année doivent savoir écrire le nom des couleurs: blanc, bleu, brun, gris, jaune, noir, rose, rouge, **vert**. ☚ (Un **ver** est un petit animal mou et allongé.)

As-tu bien compris le texte?

1. Ça va **bien**. 2. Le printemps était trop **vert**.

Un papa très sérieux (PAGE 36)

Félicio espionne son père avec des jumelles. Il prend **aussi** des notes dans son calepin:
*Lorsqu'il croque ses **céréales**, mon papa est très sérieux.*
Félicio invente un costume pour faire rire son père. Avec une **drôle** de perruque et un faux **nez**, il se transforme en clown Popov. Il prend sa **trompette** et pousse un grand TOURLOUTOUTOU! Puis il **fait** des pirouettes et lance une **pluie** de confettis. **Après** ces pitreries, le clown Popov bondit devant son père et dit:
— Bonjour, monsieur Bartolémi! **Beau** temps pour planter des radis, hum?

1. aussi
Les sons **o** et **au** se prononcent de la même façon mais ne s'écrivent pas de la même façon. Exemples: **o**deur, **au**truche.

2. céréales
Céréales est un nom. Il s'écrit avec un **s** à la fin parce qu'il est au pluriel. Pour mettre un nom au pluriel, on ajoute généralement un **s** à la fin. Exemple: une céréale, **des** céréale**s**. Après les déterminants les, des, mes, **ses**, tes, nos, vos, les noms sont toujours au pluriel.

3. drôle
Les accents sont des petits signes que l'on met sur les voyelles (surtout le **e**). Dr**ô**le (comme fant**ô**me) prend un **accent circonflexe** sur le **o**.

4. nez
Le **nez** est une partie du corps humain.
☛ Les noms des parties du corps humain sont des mots que les élèves de 1re année doivent savoir écrire. Exemples: la bouche, le bras, le cheveu, le cou, le doigt, le dos, le genou, la jambe, la joue, la main, le **nez**, le pied, la tête, les yeux. ☚ (Le mot **né** est le participe passé du verbe **naître**.)

5. trompette
Devant les lettres **m**, **p**, **b**, la lettre **n** devient **m** (sauf exception, comme dans le mot bonbon). Exemples: e**mm**ener, i**mp**ortant, cha**mb**re.

6. fait
Fait est le verbe **faire** conjugué à la troisième personne du singulier de l'indicatif présent.
☛ Les élèves de 1re année doivent savoir conjuguer le verbe **faire** à l'indicatif présent (1re, 2e, 3e personnes du singulier et 3e personne du pluriel): je fais, tu fais, **il**, elle **fait**, ils, elles font. ☚

7. pluie
On n'entend pas la lettre **e** quand on prononce le mot **pluie**. En effet, certaines lettres ne s'entendent pas quand on prononce un mot. On les appelle des lettres muettes. Exemples: bougi**e,** écuri**e**.

8. Après
Une phrase commence toujours par une majuscule. On sait qu'une nouvelle phrase commence parce qu'il y a un point [.] juste avant le mot «Après».

9. Beau
Les sons **o** et **eau** se prononcent de la même façon mais ne s'écrivent pas de la même façon. Exemples: d**o**s, s**eau**.

As-tu bien compris le texte?

1. Il espionne son père avec des **jumelles**. **2**. Il se transforme en **clown**.

18 Le monstre affamé (PAGE 38)

Le monstre secoue le lit.

«Montre-toi! J'ai faim!»

Gilles **tremble** de plus en **plus**.

«**Debout**! hurle le monstre. Va me chercher du gâteau, sinon je t'arrache la tête.

— J'y..., j'y vais, bredouille **Gilles**. Mais ne me fais pas mal.»

Gilles **saute** du lit et court jusqu'à la **cuisine**. Gilles sort un **morceau** de gâteau du **réfrigérateur** et l'apporte au monstre. Celui-ci l'engouffre d'un seul coup.

«Encore! rugit-il. Donne-moi encore du gâteau ou je t'arrache les **yeux**! Et pas un mot à ta **mère**, sinon je te mange tout cru!»

1. tremble
Devant les lettres **m**, **p**, **b**, la lettre **n** devient **m** (sauf exception, comme dans le mot bonbon). Exemples : e**mm**ener, i**mp**ortant, cha**mb**re.

2. plus
Plus est un mot de relation (un adverbe) qui indique l'intensité. Il est invariable. C'est le contraire de **moins**. Exemple : Mon père est **plus** fort que le tien. (Le mot **plu** est le participe passé du verbe **plaire**.)

3. Debout
On n'entend pas la lettre **t** quand on prononce le mot **debout**. En effet, certaines lettres ne s'entendent pas quand on prononce un mot. On les appelle des lettres muettes. Exemples : surtou**t**, partou**t**.

4. Gilles
Les noms de personnes sont des noms propres. Ils commencent toujours par une lettre majuscule.

5. saute
Les sons **o** et **au** se prononcent de la même façon mais ne s'écrivent pas de la même façon. Exemples : p**os**er, s**au**ter.

6. cuisine
La lettre **s** se prononce comme un **z** quand elle est placée entre deux voyelles (a, e, i, o, u, y). Exemples : r**ose**, co**usi**n, v**isa**ge, m**usi**que.

7. morceau
La lettre **c** se prononce comme un **s** quand elle est placée devant un **e** ou un **i**. Exemples : pin**ce**au, mer**ci**.

8. réfrigérateur
Les accents sont des petits signes que l'on met sur les voyelles. La lettre **e** se prononce différemment si elle porte un accent **aigu**, un accent **grave** ou un accent **circonflexe**. R**é**frig**é**rateur (comme t**é**l**é**phone) prend des **accents aigus** sur les premiers **e**.

9. yeux
Les **yeux** sont une partie du corps humain.
☛ Les noms des parties du corps humain sont des mots que les élèves de 1re année doivent savoir écrire. Exemples : la bouche, le bras, le cheveu, le cou, le doigt, le dos, le genou, la jambe, la joue, la main, le nez, le pied, la tête, les **yeux**. ☚

10. mère
Les accents sont des petits signes que l'on met sur les voyelles. La lettre **e** se prononce différemment si elle porte un accent **aigu**, un accent **grave** ou un accent **circonflexe**. M**è**re (comme p**è**re et fr**è**re) prend un **accent grave** sur le premier **e**.

As-tu bien compris le texte ?

1. Il veut manger du **gâteau**. 2. «Donne-moi encore du gâteau ou je t'arrache les **yeux**!»

19 Comptine pour jouer à la balle au mur ou pour sauter à la corde (PAGE 40)

À la une la poulette brune
À la **deux** a pondu des oeufs
À la **trois** c'est pas pour le roi
À la **quatre** il faudra les battre
À la **cinq** j'ai un fouet en zinc
À la **six** j'ajoute des épices
À la **sept** pour faire une omelette
À la **huit** je la mange tout de suite
À la **neuf** dans un plat tout neuf
À la **dix** c'est un vrai délice !

☛ Les élèves de 1re année doivent savoir écrire en lettres les nombres de un à dix : un, deux, trois, quatre, cinq, six, sept, huit, neuf, dix. ☚

As-tu bien compris le texte ?

1. Elle est **brune**. 2. Il est fait en **zinc**.